*1910 - Avril 8*

89 | *Chambre des Commissaires Priseurs*
*Envoi à la Bibliothèque Nationale*

AF391107

# VENTE

## du Vendredi 8 Avril 1910

### HOTEL DROUOT — SALLE N° 10

A 2 HEURES 1/2

---

## EXPOSITION PUBLIQUE

*Le Jeudi 7 Avril 1910*

DE 2 H. A 6 H.

# TABLEAUX MODERNES

## AQUARELLES ET PASTELS

Mᵉ Robert **BIGNON**

COMMISSAIRE-PRISEUR

*41, Rue de la Victoire, 41*

---

M. F. **MARBOUTIN**

PEINTRE-EXPERT

*2, Rue de Marseille, 2*

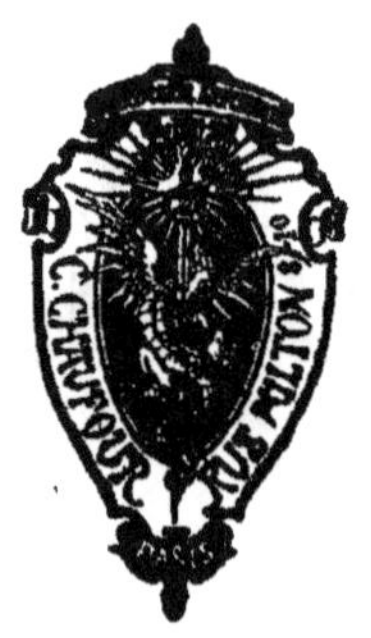

# CATALOGUE

### DES

# TABLEAUX MODERNES

PAR

*Barillot, E. Bastien-Lepage, Boggs*
*E. Boudin, Brissot, Charpin, Chintreuil, C. Delort, Diaz*
*C. Dufour, Julien Dupré, Gagliardini*
*A. Giroux, Harpignies, J. Héreau, Hermann-Léon*
*Hoguet, Japy, Lambinet, Lansyer*
*Lebourg, Pelouse, H. Picou, Olive, Rigolot, A. Servin*
*Tanzi, Timmermans, Voillemot, etc.*

# AQUARELLES - PASTELS

PAR

*V. Binet, J. Chéret, Madeleine Lemaire*
*J. Noël, Fr. Vallet, etc.*

DONT LA VENTE AURA LIEU

## HOTEL DROUOT — SALLE N° 10

### Le Vendredi 8 Avril 1910

A 2 HEURES 1/2

| M<sup>e</sup> Robert BIGNON | M. F. MARBOUTIN |
|---|---|
| COMMISSAIRE-PRISEUR | PEINTRE-EXPERT |
| *41, Rue de la Victoire, 41* | *2, Rue de Marseille 2* |

## EXPOSITION PUBLIQUE

### Le Jeudi 7 Avril 1910, de 2 heures à 6 heures

# CONDITIONS DE LA VENTE

Elle sera faite expressément au comptant.

Les acquéreurs paieront 10 o/o en sus des enchères.

Il ne sera admis aucune réclamation une fois l'adjudication prononcée.

# DÉSIGNATION

---

## TABLEAUX

### ATALAYA

1 — Les Saltimbanques.

Bois. Haut. : 0<sup>m</sup>33. Larg. : 0<sup>m</sup>24.

### BARILLOT (L.)

2 — Le Taureau.

Bois. Haut : 0<sup>m</sup>27. Larg. : 0<sup>m</sup>35.

### BARILLOT (L.)

3 — Ane.

Bois. Haut. : 0<sup>m</sup>27. Larg. : 0<sup>m</sup>35.

### BASTIEN-LEPAGE (Emile)

4 — La Moisson.

Bois. Haut. : 0<sup>m</sup>44. Larg. : 0<sup>m</sup>56.

## BOGGS (F.)

5 — Trafalgar-Square.

Toile. Haut. : 0<sup>m</sup>92. Larg. : 0<sup>m</sup>73.

## BOGGS (F.)

6 — Le Pollet. Dieppe.

Toile. Haut : 0<sup>m</sup>39. Larg. : 0<sup>m</sup>57.

## BOGGS (F.)

7 — La Colonne de Nelson.

Toile. Haut. : 1<sup>m</sup>09. Larg. : 0<sup>m</sup>65.

## BOUDIN (E.)

8 — Trouville.

Toile. Haut. 0<sup>m</sup>37. Larg. : 0<sup>m</sup>58.

## BOUDIN (E.)

9 — Bassin au Havre.

Bois. Haut. : 0<sup>m</sup>32. Larg. : 0<sup>m</sup>44.

## BRISSOT (S.-F.)

10 — Vaches dans un marais.

Toile. Haut. : 0<sup>m</sup>88. Larg. : 1<sup>m</sup>48.

## CHARPIN

11 — Moutons au pâturage.

Toile. Haut. : 0<sup>m</sup>65. Larg. : 0<sup>m</sup>49.

## CHINTREUIL

12 — La Prairie. Environs de Rambouillet.

Toile. Haut. : 0<sup>m</sup>29 Larg. : 0<sup>m</sup>60

## DELORT (C.)

13 — La Galère royale.

Bois. Haut. : 0m25. Larg. : 0m34.

## DIAZ (N.)

14 — Sentier en forêt.

Toile Haut. : 0m46. Larg. : 0m61.

## DUFOUR (Camille)

15 — Bords de l'Oise.

Toile. Haut. : 0m38. Larg. : 0m55.

## DUPRÉ (Julien)

16 — Faneuse.

Toile. Haut. : 0m38. Larg. : 0m46.

## FLEURY (L.)

17 — Paysage d'Italie.

Bois. Haut. : 0m31. Larg. : 0m43.

## GAGLIARDINI

18 — Cour de ferme.

Bois. Haut. : 0m19. Larg. : 0m28.

## GAGLIARDINI

19 — Le Retour des pêcheurs.

Bois. Haut. : 0m19. Larg. : 0m28.

## GAGLIARDINI

20 — Marée basse. Temps gris.

Bois. Haut. : 0m19. Larg. : 0m28.

## GAGLIARDINI

21 — Arrivée des barques de pêches.

Bois. Haut. : 0<sup>m</sup>33. Larg. : 0<sup>m</sup>42.

## GASSOWASKI (Ad.)

22 — L'Etang.

Toile. Haut. : 0<sup>m</sup>45. Larg. : 0<sup>m</sup>73.

## GIROUX (A.)

23 — Coin de ferme en Normandie.

Toile. Haut. : 0<sup>m</sup>36. Larg. : 0<sup>m</sup>51.

## GROISEILLIEZ (M. de)

24 — Pâturage près Boulogne-sur-Mer.

Toile. Haut. : 0<sup>m</sup>46. Larg. : 0<sup>m</sup>68.

## GUÉRY (Armand)

25 — Le Matin.

Toile. Haut. : 0<sup>m</sup>27. Larg. : 0<sup>m</sup>41.

## GUÉRY (Armand)

26 — La Plaine. Environs de Neufchâtel.

Bois. Haut. : 0<sup>m</sup>27. Larg. : 0<sup>m</sup>35.

## HARPIGNIES

27 — L'Approche de l'orage.

Toile. Haut. : 0<sup>m</sup>14. Larg. : 0<sup>m</sup>22.

## HÉREAU (J.)

28 — Paysage à l'embouchure de la Seine.

Toile. Haut. 0<sup>m</sup>42. Larg. : 0<sup>m</sup>59.

## HERMANN-LÉON

29 — Le Retour du Marché.

Toile. Haut. : 0m40. Larg. : 0m55.

## HOGUET (Ch.)

30 — Les Tailleurs de pierres.

Toile. Haut. : 0m27. Larg. : 0m42.

## INCONNU

31 — Bords de l'Oise.

Toile. Haut. : 0m35. Larg : 0m46.

## INNOCENTI

32 — Intérieur de ferme.

Toile. Haut. : 0m24. Larg. : 0m33.

## ISAILOFF (A.)

33 — Canal à Venise.

Bois. Haut. : 0m24. Larg. : 0m15.

## JAPY

34 — Bords de l'Eure.

Toile. Haut. : 0m55. Larg. : 0m46.

## JAPY

35 — Ruisseau sous bois.

Toile. Haut. : 0m89. Larg. : 0m48.

## JAPY

36 — Lever de lune.

Bois. Haut. : 0m33. Larg. : 0m41.

## LAMBINET (E.)

37 — Ferme en Normandie.

Bois. Haut. : 0ᵐ19. Larg. : 0ᵐ24.

## LANSYER

38 — Ruines en Italie.

Toile. Haut. : 0ᵐ65. Larg. : 0ᵐ54.

## LAVIEILLE (Eug.)

39 — Ferme en Seine-et-Marne.

Toile. Haut. : 0ᵐ34. Larg. : 0ᵐ46.

## LEBOURG

40 — La Seine au pont du Carrousel.

Toile. Haut. : 0ᵐ35. Larg. : 0ᵐ65.

## LÉPINE

41 — A Montmartre.

Toile. Haut. : 0ᵐ14. Larg. : 0ᵐ27.

## MICHEL (G.)

42 — Environs d'Arras.

Toile. Haut. : 0ᵐ73. Larg. : 1ᵐ.

## PELOUSE (L.-G.)

43 — Chemin aux environs de Cernay.

Toile. Haut. : 0ᵐ60. Larg. : 0ᵐ73.

## PELOUSE (L.-G.)

44 — Les blés.

Toile. Haut. : 0ᵐ54. Larg. : 0ᵐ65.

## PICOU (H.)

45 — Femme au tambourin.

Toile. Haut. : 0ᵐ84. Larg. : 0ᵐ65.

## OLIVE (B.)

46 — Pêches.

Toile. Haut. : 0ᵐ33. Larg. : 0ᵐ41.

## RIGOLOT (A.-G.)

47 — Environs de Maintenon.

Toile. Haut. : 0ᵐ65. Larg. : 0ᵐ92.

## ROQUEPLAN (C.)

48 — Panneau décoratif.

Toile. Haut. : 1ᵐ15. Larg. : 0ᵐ88.

## ROUSSEAU (Ecole de)

49 — La Mare, soleil couchant.

Toile. Haut. : 0ᵐ18. Larg. : 0ᵐ32.

## SEGÉ (A.)

50 — Ferme près Villerville.

Toile. Haut. : 0ᵐ19. Larg. : 0ᵐ30.

## SERVIN (A.-E.)

51 — Fête bretonne.

Toile. Haut. : 0ᵐ84. Larg. : 1ᵐ27.

## SMITH (Alf.)

52 — Le pont du Rialto à Venise.

Toile. Haut. : 0ᵐ55 Larg. : 0ᵐ73.

## TANZI (L.)

53 — Au pâturage.

Toile. Haut.: 0m50. Larg. : 0m65.

## TIMMERMANS (L.)

54 — Marée basse, effet du soir.

Toile. Haut.: 0m38. Larg. : 0m55.

## TIMMERMANS (L.)

55 — Port Launay, temps de pluie.

Bois. Haut. : 0m33. Larg. : 0m41.

## VOILLEMOT (Ch.)

56 — Idylle.

Bois. Haut. : 0m51. Larg. : 0m37.

## WILHEMS (J.)

57 — Le Palais ducal et l'île Saint-Georges.

Bois. Haut. : 0m16. Larg. : 0m24.

## WILHEMS (J.)

58 — Le grand Canal à Venise.

Bois. Haut. : 0m16. Larg. : 0m24.

## ECOLE ESPAGNOLE

59 — Portrait d'homme.

Toile. Haut. : 0m81. Larg. : 0m60.

## ECOLE ITALIENNE

60 — Faune et amours.

Toile. Haut. 0m65. Larg. : 0m54.

# AQUARELLES, DESSINS, PASTELS

## BOUDIN (E.)

61 — Paysage.

Fusain.

## BINET (V.)

62 — Le troupeau, Bretagne.

Aquarelle. Haut. : 0"38. Larg. : 0"46.

## CACCIANO

63 — Paysage sous bois.

Pastel. Haut. : 0m25. Larg. : 0m34.

## CHÉRET (Jules)

64 — Charmeuse.

Pastel. Haut. : 0m44. Larg. : 0m24.

## LEMAIRE (Madeleine)

65 — Rose dans un vase.

Aquarelle. Haut. : 0m40. Larg. : 0m29.

## LEMAIRE (Madeleine)

66 — Fleurs des champs.

Aquarelle. Haut. : 0m20. Larg. : 0m29.

## LUIGINI

67 — La Grand' place.

Eau-forte en couleurs.

## LUIGINI

**68 — Le Canal.**

Eau-forte en couleurs.

## NOEL (Jules)

**69 — Marine.**

Dessin rehaussé.

## TIMMERMANS (L.)

**70 — L'Avant-port à Dieppe.**

Aquarelle. Haut. : 0ᵐ16. Larg. : 0ᵐ25.

## TIMMERMANS

**71 — Le pont de Londres.**

Aquarelle. Haut. : 0ᵐ33. Larg. : 0ᵐ49.

## TIMMERMANS (L.)

**72 — Lannion, effet du soir.**

Aquarelle. Haut. 0ᵐ33. Larg. : 0ᵐ49.

## VALLET-BISSON (Fr.)

**73 — Parisienne à sa toilette.**

Pastel. Haut. : 0ᵐ73. Larg. : 0ᵐ48.

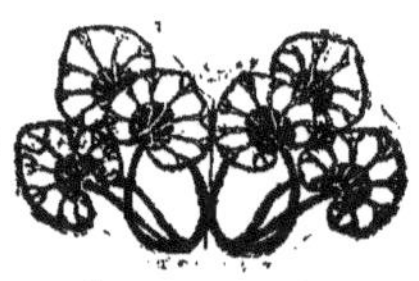

www.ingramcontent.com/pod-product-compliance
Lightning Source LLC
LaVergne TN
LVHW020900200726
843508LV00003B/1274